I0706360

1. Sky blue
2. Orange
3. Blue
4. Yellow
5. Red
6. Pink
7. Purple
8. Violet
9. Olive green
10. Brown
11. Green
12. White

1 GRAY GREEN	2 GOLD	3 DARK CRIMSON
4 LIGHT YELLOW	5 BROWN	6 GOLD
7 GRAY BLUE	8 KHAKI	9 RED BROWN
10 PEACH	11 GRAY GREEN	12 OCHRE
13 DARK GRAY	14 OCHRE	15 GRAY GREEN
16 SAND	17 RED BROWN	18 YELLOW
19 BROWN		

1. Red
2. Orange
3. Brown
4. Purple
5. Sky blue
6. White
7. Violet
8. Green
9. Olive green
10. Pink

1 - green   2 - dark green   3 - blue   4 - light blue   5 - beige
6 - yellow   7 - red   8 - orange   9 - brown

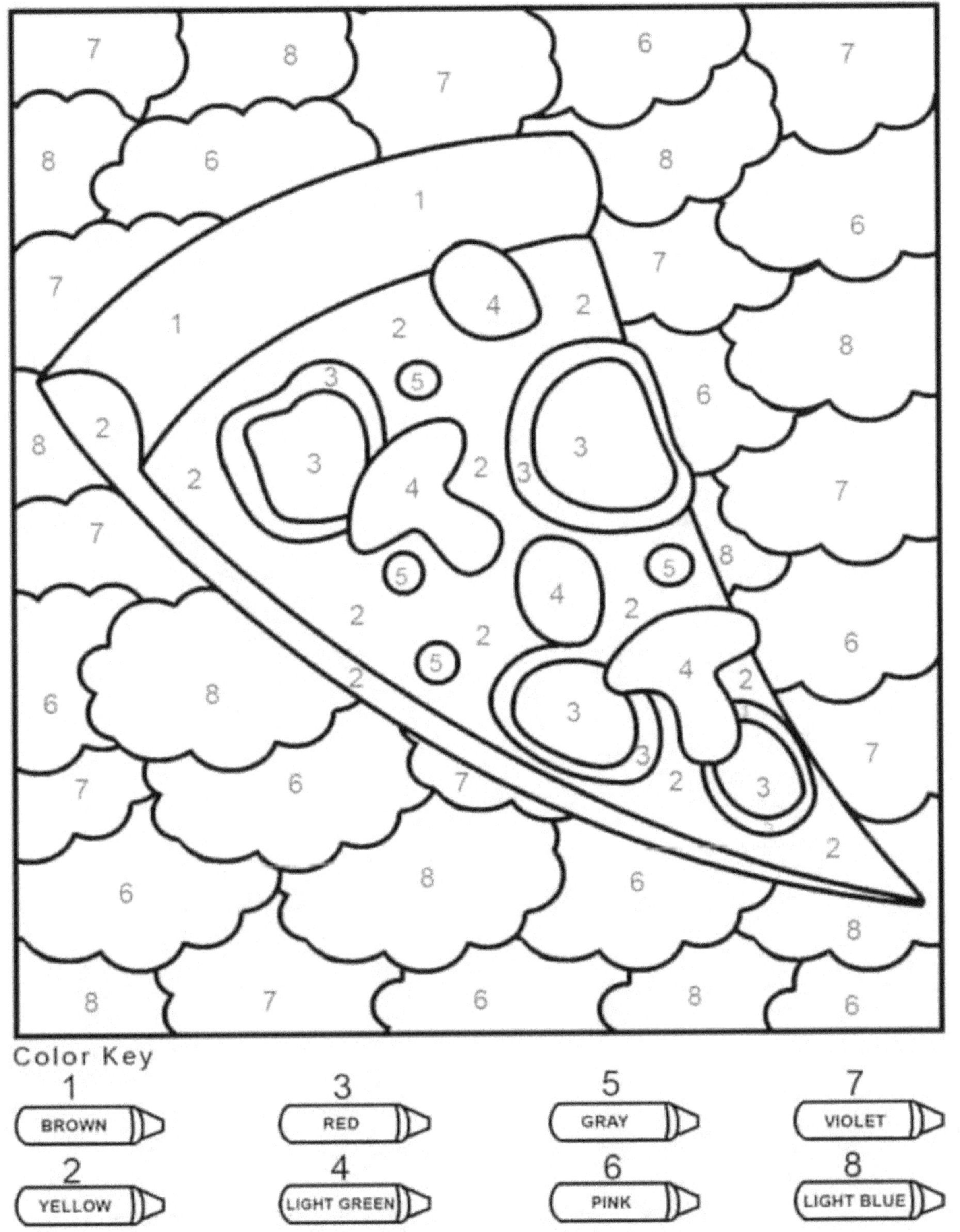

Color Key

1 BROWN
2 YELLOW
3 RED
4 LIGHT GREEN
5 GRAY
6 PINK
7 VIOLET
8 LIGHT BLUE

Color Key

1	3	5	7
BLUE	YELLOW	DEEP GREEN	PINK

2	4	6	8
RED	LIGHT GREEN	ORANGE	PURPLE

1. Red
2. Brown
3. Orange
4. White
5. Pink
6. Yellow
7. Sky blue
8. Green
9. Olive green

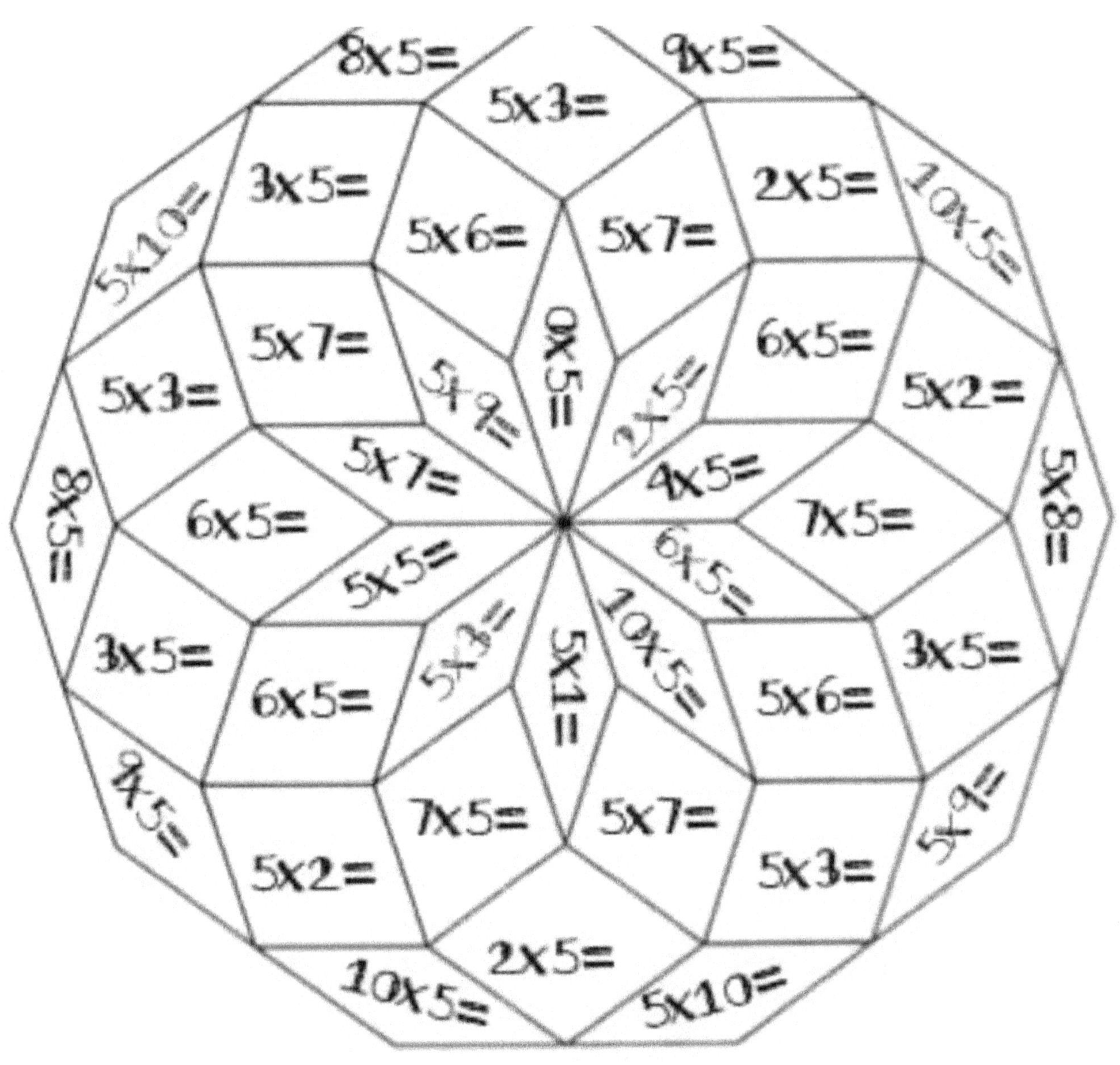

0, 5 – red   30, 35 – green
10, 15 – orange   40, 45, 50 – blue
20, 25 – yellow

1. Red 2. Yellow 3. Light Green 4. Dark Green 5. Blue 6. Purple

14÷2
15÷3
64÷8
24÷6
3÷1
36÷12
18÷2
40÷5
16÷2
24÷3
88÷11
48÷6
96÷12
8÷1
24÷4
6÷1
60÷12
44÷11
6÷3
24÷12
2÷1
10÷5
4÷2
22÷11
72÷9
33÷11
Red: 9
Tan: 3
Lt. Blue: 7
Dk. Green: 8
Yellow: 5
Purple: 6
Lt. Green: 4
Grey: 2

1-light green
2-dark green
3-white
4-yellow
5-orange
6-pink
7-purple

1 YELLOW
2 GRAY GREEN
3 SALMON
4 PALE OLIVE
5 PALE GREEN
6 LIGHT GREEN
7 GRAY GREEN
8 SALMON

2
+6
0
+8
10-2=
12-4=
5+5=
16-8=
7
+1
11-3=
3
+5
10+3=
8+5=
7+3=
19-6=
11+2=
15-2=
4+5=
12-3=
6-1=
4
+1
14-9=
3
+2
2
+3
7-2=
9-4=
8-3=
11+3=
6+2=
19-3=
9+7=
18
- 2
7+7=
8+8=
10+6=

KEY
5 – Green   10 – Yellow   16 – Purple   14 – Blue
8 – Pink   13 – Orange   9 – Red

Color Key

1	2	3	4
RED	GREY	PURPLE	YELLOW

5	6	7	8
PINK	BROWN	DEEP BLUE	LIGHT BLUE

Color Key

1 GREY	**3** LIGHT GREEN	**5** DEEP GREEN	**7** BLUE
2 PINK	**4** YELLOW	**6** DEEP YELLOW	**8** LIGHT BLUE

1 - Red   3 - Blue   5 - Orange   7 - Brown   9 - Pink
2 - Yellow 4 - Green   6 - Purple   8 - Black   10 - Gray

1. Orange   **2.** Off white   **3.** Brown   **4.** Peach

5. Green

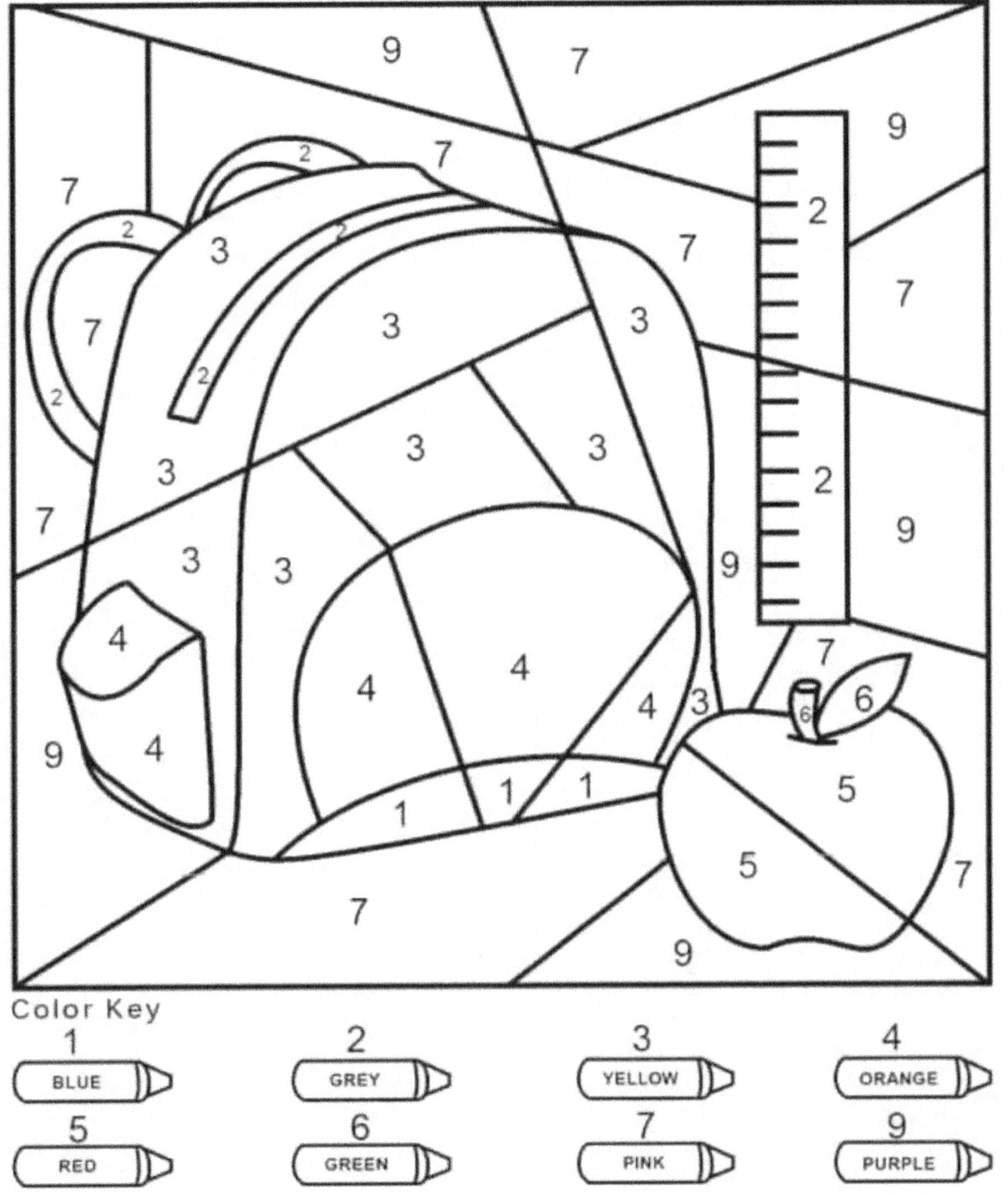

Color Key

1	2	3	4
BLUE	GREY	YELLOW	ORANGE

5	6	7	9
RED	GREEN	PINK	PURPLE

1—Red
2—Yellow
3—Blue
4—Green
5—Orange
6—Purple
7—Brown
8—Black

Color Key
1
BROWN
2
WHITE
3
RED
4
PINK
5
ORANGE
6
LIGHT GREEN
7
DEEP GREEN
8
BLUE

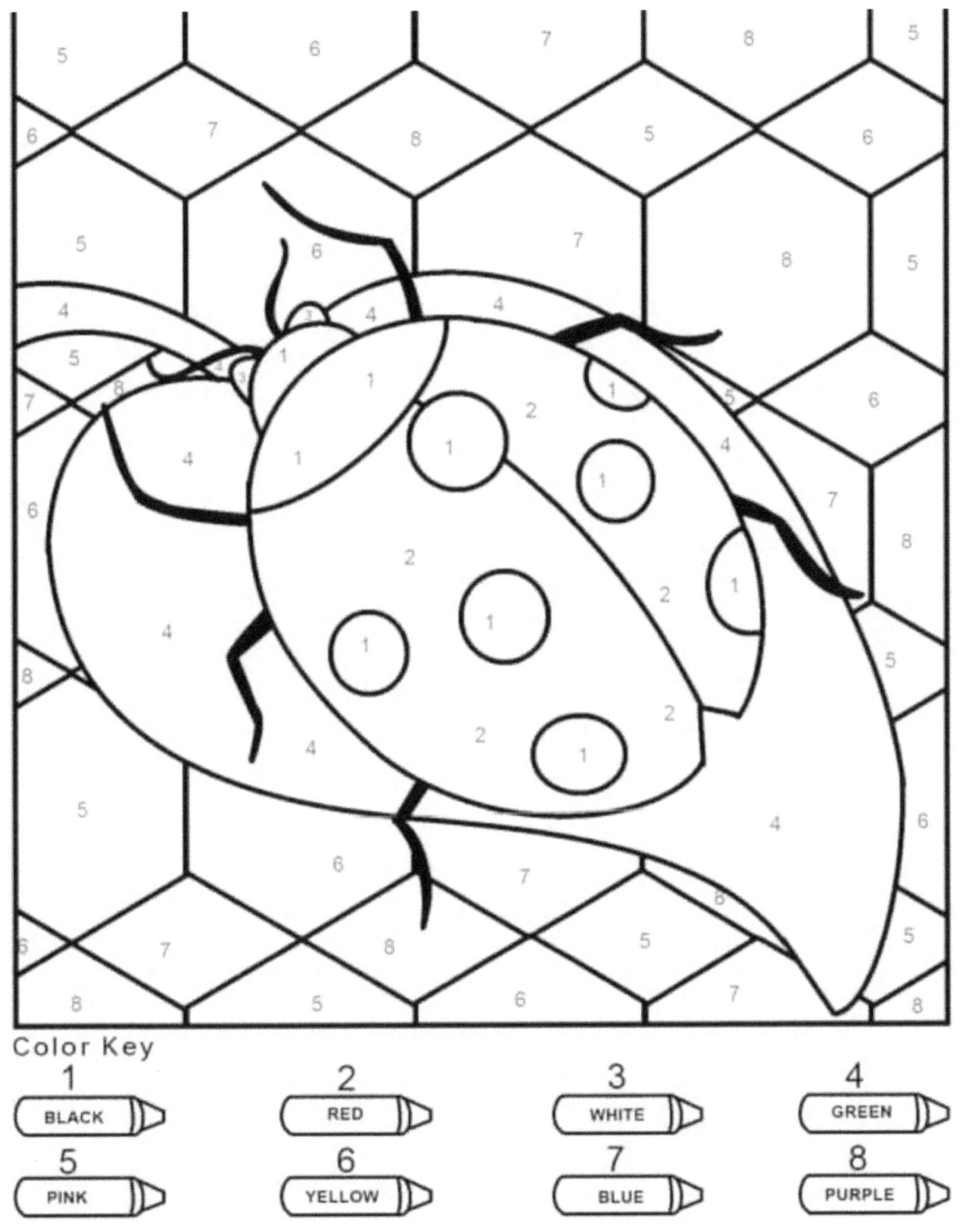

Color Key

1	2	3	4
BLACK	RED	WHITE	GREEN

5	6	7	8
PINK	YELLOW	BLUE	PURPLE

Color Key

1	2	3	4
BLACK	YELLOW	ORANGE	RED

5	6	7	8
BROWN	DEEP BROWN	LIGHT BLUE	BLUE

Color Key

1	3	5	7
ORANGE	PINK	DEEP BROWN	BLUE
2	4	6	8
YELLOW	GREEN	BROWN	LIGHT BLUE

Color Key
1
LIGHT GREEN
2
DEEP BROWN
3
DEEP GREEN
4
PURPLE
5
YELLOW
6
PINK
7
DEEP YELLOW
8
ORANGE

Color Key
1 PURPLE
2 ORANGE
3 WHITE
4 YELLOW
5 GREEN
6 BROWN
7 BLUE
8 LIGHT BLUE